ネパール・パルパの村人になった日本人

ネパール応援団　ブッダの目・著

MAMUKAI BOOKS GALLERY

First published In Japan in 2018

 Published in Japan by *MAMUKAI BOOKS GALLERY* in 2018.
Book Design by Sankakusha Inc.
International Marketing by Arttrav Inc.

ISBN 978-4-904402-14-6
Cataloguing in Publication Data : National Diet Library, Japan

www.mamukai.com
Printed in Japan

はじめに

この本を手にとってくださって、ありがとうございます。
OKバジ（以下バジ）こと、垣見一雅さんは、1993年からネパールのパルパ郡ドリマラ村に住みつき、毎日のようにパルパの山村を徒歩で巡りながら、草の根の支援活動を24年間も続けています。
その支援は、水場、畑、かんがい、学校、教育、医療、自立のための基金など、多岐にわたっています。
しかも、バジは、その支援のしくみを、ひとりでゼロからつくりあげてきました。

私たち、ネパール応援団　ブッダの目は、2011年にバジと出会いました。
そしてバジから直接話を聞いて、その生き方と活動にとても共感し、ささやかながら応援をはじめました。
ネパールの物価は日本の約1/10なので、日本のお金がネパールでは約10倍の価値を生みます。ありがたいことに、毎年、私たちみんなで集めた数十万円の応援金で、パルパの村々に小さな学校を建設したり、医療の設備をととのえることができるのです。
バジを通してネパールの山村を応援することで、私たちも、少しは世の中のお役に立てているんだという喜びを、実感できるようになりました。また、遠く離れて暮らしているとわかりにくい、ネパールの山村の厳しい現状を、もっとたくさんの人に知ってもらいたい、と思うようになりました。

この本は、そんな私たちが応援を通して知った、バジの活動の（ほんの一部ですが）記録です。
1章では、バジがパルパのサチコールという村で、村人たちと一緒に水場を作りあげるまでの日々を、絵ものがたりにしました。
2章では、バジがパルパの村人たちと一緒に、よりよい村にしていこうと奮闘してきた数々の支援を、写真とともに紹介しています。

頑張らない　一緒に歩む　現地の習慣、文化、価値観を大切に　自ら楽しむ……これらはいずれも、バジが支援の中で大切にしていることです。
みなさんも、ご家族や子どもたち、友だち、同僚、仲間たちと一緒に、この本を、楽しみながら読んでいただき、バジのネパールでの活動を、知り広めていただけるとうれしいです。

2018年4月

ネパール応援団　ブッダの目
団長　田中克比古

幸せになる最も確実な方法は
人々を幸せにすることです

The surest way to be happy
is to make people happy.

CONTENTS

偉大なことはできなくても、
小さなことを
偉大な方法でやりとげます

If I cannot do great things,
I will do small things in a great way.

1章

【絵ものがたり】

アマコパニ かあさんの水

文・桜井ひろ子
絵・井上ヤスミチ

・登場人物・

デップ

OKバジ

アシビル

村の人々

यो साठीकोल गाउँ हो । मेरो नाम दिपु हो । म १० वर्षको भए ।

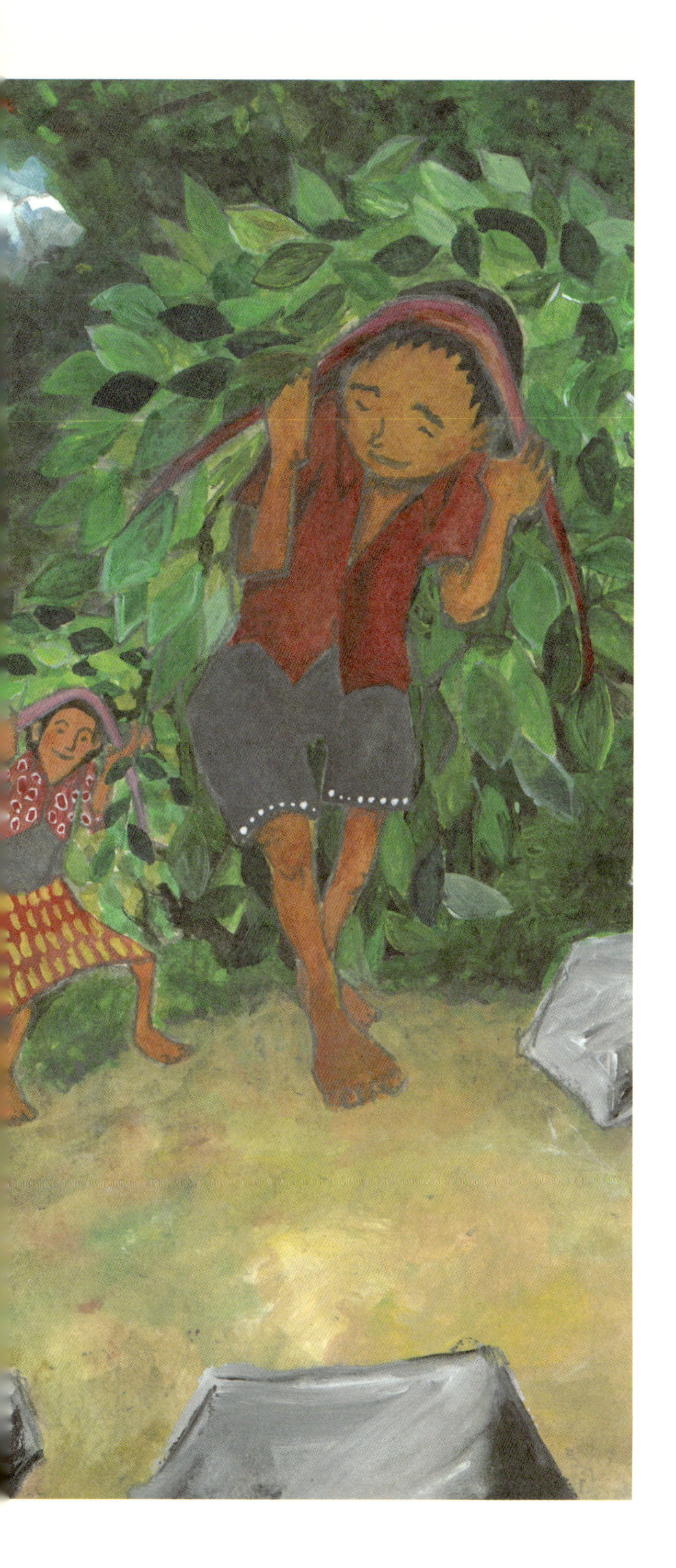

ここはヒマラヤの見える
ネパール東パルパの村
電気もガスも水道もない
山あいの美しい村サチコール
家族みんなが働かないと
人も家畜も命を守れない

ここで暮らす10歳の少年デップ
自分のかまを持ち、
まき拾い、草刈り、山羊追い、
畑仕事、ごはんつくり
なんでもやれる力がある
学校も仕事も遊びも
毎日自分で考えて過ごす

ネパールには雨季と乾季がある
毎年10月から4月ごろは
雨がほとんど降らない
2月ごろから約3ヶ月の間
村の水場はかれてしまう
デップの仕事に
谷までの水くみがふえる

村から石の坂をくだって20分
順番を待つこと30分
20リットルの水を背負って
のぼり坂を40分
ガグリをドッコに入れ
ナムロをおでこにかけて背負う
朝の最初の仕事だ
もうすぐ赤ちゃんの生まれる
デップのお姉さんだって
水くみをしている

「水がぼくたちに苦労をくれるよ
でも谷に行けば水はあるから」
「みんながいっしょだと
元気が出るよ」
デップはいつもみんなといっしょに
楽しそうに働いている

ガグリ… アルミニウムまたは銅製の水がめ
ドッコ… 竹であんだ背おいかご
ナムロ… 木の繊維であんだ
ひたいで荷物をかつぐひも

पानी लिन जान धेरै
गाह्रो भएतापनि
सबैजना संगसंगै जाँदा
रमाइलो हुन्छ ।

「あっ、バジが来た〜」
山の中で山羊追いをしながら
デップがさけぶ
「バジラーハ！（バジが来たぞ）」
「ナマステ（こんにちは）バジ！」
山の中に子どもたちの声がこだまする

「ナマステ！サンチャイ？（元気？）」
とバジの声
子どもたちとバジの「ナマステ！」
の声が続く
そしていつも最後の「ナマステ！」
の声はバジだ
バジに会うとデップはいつも
なんだか不思議な力がわいて
うれしくなる

बाजे नमस्कार !
नमस्कार ! आरामै ?

バジは日本人
何年も前にネパールにやってきて、毎日毎日
東パルパの村々をぼろぼろのリュックを背負って歩いている
「OK、OK」が口癖なので
みんなは「OKバジ（OKじいさん）」とか
OKも略して「バジ」と呼んでいる
バジが来ると「バジラーハ」「バジラーハ」
と村中の人が集まってくる

「おや、大きくなったね、どーれ」と
バジはそばの子どもをだきあげる
「おっとっと、重い、おも〜い」と
わざとよろけて、みんなを笑わせる

バジはみんなの笑顔が大好きで
「みんなといっしょに村々の
暮らしをよくしたい」
「ネパールで暮らして、人としての
だいじな魂をいただきました」と言う
デップにはその意味が
よくわからないが
みんなバジが大好きだ

सबै जना मिलेर
छलफल गर्दा केहि नयाँ
अनि राम्रो कामको
सुरुवात होला
जस्तो लाग्छ हो ।

「昨日行った村は水汲みに3時間もかかるところで大変でした。
ここはどうですか？」
「今は谷まで行かないと水がありません。2時間くらいですかね」
「もっと村の近くに水タンクがあると助かるんですがね」

「水源はあるんですか？」
「水源はあります」
「でも、セメントやパイプや蛇口を買うお金がありません」
「それがそろえばできるんですか？」
「そりゃあ、できますよ」
村の人たちの声が急に明るくなった
「村に石や砂、土と木もあります。
村中の人が力をあわせればなんでもできます」
「なんでもやれますよ、バジ」
「水タンクができたらどんなに仕事がらくになることだろう」
「体がらくになれば病気やけがも少なくなるし」

バジは、命にかかわることを最優先に考えてきた
そしてバジはいつも村の人ととことん話し合って
みんなの本気のやる気がわかると決心する
今日も「わかりました、では日本のみなさんに
支援をお願いしてみましょう。また来ます」
そう言って、次の村をめざして歩き出した

デップたちはわくわくした
なにかすごいことが始まるような気がした

数ヶ月後、バジが見知らぬ人を連れて突然村に来た
「設計士のアスビルさんです。水源を見に来ました」
「えっ、水タンクづくりが始まるんですか？」
「はい、日本のみなさんから返事がきて
水タンクをぜひつくってくださいと応援していますよ」
「ありがたい、ありがたい」とデップのじいちゃんが手をあわせた
「それでは水源に行きましょう。案内してください」
バジが言うと、村一番の長老ケッソールのじいちゃんが先頭になって山を登り始めた
みんなが道具を持ってあとに続いた

山道を2キロメートルほど登ったところで、兄ちゃんたちが山をけずりだした
水がかすかにしみだしてきた
「これっぽっちでは水が村まで届かないでしょう」とアスビルさんが不安な顔をした
「大丈夫です。村のことは村の人が一番よく知っています。
乾季でもかれないと言ってます」とバジの声が聞こえた

何日か過ぎて行ってみると、そこにコンクリートの立派な取水口ができていた

デップはこんなことのできるアスビルさんの仕事にびっくりした

これで水を集め、パイプを村までつないで、山の高低差だけで水を運ぶのだ

まわりにはセメントやパイプがたくさん置いてあった

「ねっ、ねっ、このセメントは誰が持ってきたの？」「このパイプは、どうやって運んだの？」

デップは想像もできなかった

「セメントは谷の向こう側まで車で運び、そのあとは父さんや兄さん、
みんなで半日かけてかついできたさ。いつものようにな」
「パイプも大変だった。両側を竹ではさんで結び、二人でかつぐんだ。
二人のリズムがあわないとな、パイプが振られるだろう。
山にぶつかったら大変だ。二人とも谷に落っこちてしまうからな」
デップは心臓をバクバクさせながら聞いていた

「よーし、この水を
パイプで村まで運ぶぞ」
どこを見ても石の山
どこをのぞいても
深い谷底に続く崖
男たちは命がけで
最短距離にパイプを引く

適当な長さに切って運んだ
パイプとパイプをつないでいく
火で熱した鉄板に
両側から2本のパイプの
切り口を押しつけて
「ジュー」
パイプの切り口がとけた瞬間に
鉄板を抜きとって
2本のパイプをくっつける
こうしてパイプは
どんどん長くなって
村に近づいた

水が通された。パイプからとうとうと流れ落ちる水
「ここからが問題だ。村のどこまで水があがるかだ」
「村のまんなかまで持っていけるといいがな」

「もうちょっと上までのぼって」「そこはだめだ、こっちだ」
黒いパイプが蛇のように崖っぷちをくねくねはいまわる

「あ〜、だめだ。水が止まった」「こっちだ、こっちだ」
誰もが息をこらして見守る。パイプはあっちへ行ったり、こっちへ来たり……

村から5分、石坂をおりたところが限界だった
「よおっし、水タンクはここにつくるぞ〜」
誰からともなく拍手がわきおこった

「えっさほいさ」「えっさほいさ」
60、70キログラムもある木材をかついで
兄ちゃんたちが坂道をのぼってくる
それを木の台にのせて、ふたり用ののこぎりで製材する
水タンクの上ぶたをコンクリートでつくるための木枠づくりだ
セメントをふるう仕事は、ふたりが網を持ってゆする
遠くの山道に、砂や石ころを運ぶ
母さんたちや姉ちゃんたちの姿が見える

次は水タンクをつくるための平地づくりだ
父さんたち、兄ちゃんたちが山を削り、岩をくだく
くだいた岩をじいちゃんたちがブロック状にけずる
残った石をデップたちがまたくだく
子どもたちにもやれる仕事はたくさんある
デップは仕事を見つける名人だ
村中のみんなが大きな声でしゃべったり笑ったりしながら働く

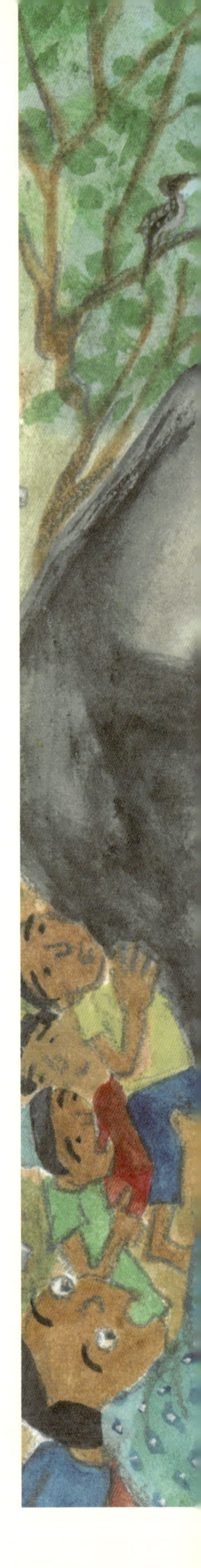

そしてどうにも動かない、くだけない大岩にぶちあたった
大人が何十人で押しても動かない
「どうするんだろう」
デップも息をのんで見守った

जति धकेल्दापनि हल्लिदै नहल्लिने कति
ठूलो चट्टान । के गर्ने होला ।

बल गर भाई हो.....हैसे.....
बल गर भाई हो.....हैसे.....

キシリのじいちゃんが叫んだ
「鉄のバールを岩の両脇につきさせ〜」
「よおっし、5人が岩に向かって
足をつけて座れ〜」
「よっしゃ〜」
「次の5人、背中あわせに座って〜」
「ほいきた」
「次の5人、足の裏をあわせて座るぞ〜」
17人の男たちが隊列を組んだ

そして全員でかけ声をかけた！
大きく、太く、力強い声で

かけ声が頂点に達し、みんなが精いっぱいの力をこめた

「うおおお〜〜〜っ」

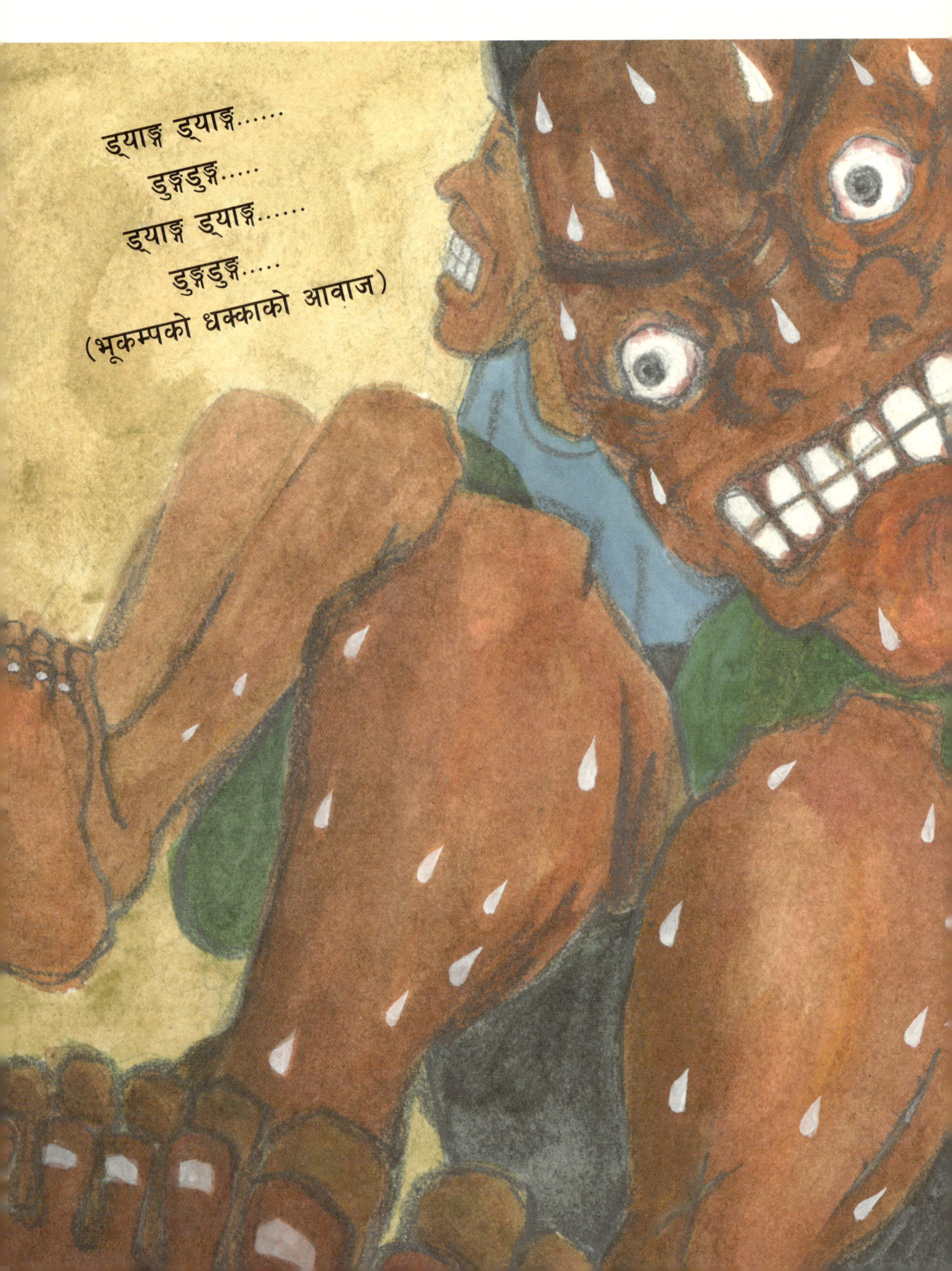

「ドオドオドオドオド〜ン」

地の底から突きあげるような地響きと土煙

デップは体が
宙に浮いたような気がした
土煙の中で目をこらすと
岩が30センチメートルくらい
谷側に近づいていた
信じられない思いで
目をこらした
それが何度も何度も
くり返され、そのたびに
岩も人も谷に近づいていった

「よお〜し、もういっちょうだ」
「用意はいいか〜〜」
「おう〜〜」

歌声がわきあがり
地響きが鳴りわたり
土煙があがった

「ダダダ～～～ン」
「ガガガガガガ～～ン」
「ザザザザザ～～ン」
「ウオウ～～」
「やったあ～～」
「すっげ～～」
「ワッハッハッハ～～」

誰もが谷に落ちた大岩を
のぞきこんで笑っていた
ばあちゃんたちが
「ナマステ」「ナマステ」
と手をあわせて
神様にお礼を言っている

できあがった平地に
石のブロックが積み重ねられ
水タンクの形ができる
まっすぐかどうかは
石ころを糸で結んで
たらして垂直を確かめる
石ブロックの間に
土をねってつめる
アスビルさんの指導で
水の取込口や蛇口も
取りつける
仕上げはセメントを
ぬりかためる
木枠にコンクリートを
流し込んでふたもつくる

ある日、バジが村にやってきた
「やあ～ずいぶん速いですね。
もうこんなにできたんですか。
写真を撮って
日本のみなさんに送りますね」
バジはいつもこうして
日本の支援者に
手紙でていねいに伝えている

1ヶ月後、日本からの手紙を持って
バジがやってきた
「日本のみなさんも水タンクの完成を
とても楽しみにしていますよ。
『お祝い会にはぜひ来たい。
水タンクに名前があるといいですね』
って書かれていますよ」
「水タンクに名前ですか？
聞いたことがないな」
みんなガヤガヤとにぎやかになった
すると誰かがさけんだ
「アマコパニ、かあさんの水ってのはどう？
水は命の母だからね」
「お〜いいね。蛇口も2つで
母ちゃんのオッパイだ」
みんながどっと笑った
「いいね、いいね」
「この水はあまくてうまいぞ〜」

それからも、会ったことのない日本の
人たちの顔を想像しながら仕事が続く
みんなの働く姿にバジが喜ぶ
バジの喜ぶ姿がうれしくて
村人たちがまた精を出す
喜びが喜びを次々と運んでくる
「喜びの連鎖ですね〜」とバジがまた喜ぶ
バジをまんなかに
ネパールと日本の人とがつながっている
こうして立派な水タンク「アマコパニ」が
おどろくほど速く完成した

पानी टङ्कीको नाम राख्दा
ठीक हुन्छ होला है !
हो हो आमाको पानी
कस्तो होला ?

いよいよ開通式、お祝い会だ。かけつけた日本の人たちが水タンクを見ておどろいた
タンクに書いてあるネパールの文字を見て「なんて書いてあるんですか？」と聞いた
「アマコパニと名前をつけました。かあさんの水という意味ですよ」とバジが言った
「いい名前ですね。厳しい自然のなかで暮らす村の人たちの
水に対する思いが伝わってきます」そう言って涙をふく日本の人がいた
コンクリートにきざまれたネパールの文字を指でなぞる人もいた

「みなさん、水タンクの完成おめでとうございます」

「いやあ〜、ありがとうございます。日本のみなさんのおかげです」

「バジさん、ありがとうございました」

そこにいるみんなが、OKバジに手をあわせた

「いやあ、ぼくはなんにもしていませんよ。

パイプですね、ネパールと日本をつなぐ。わっはっはっは…」

पानी टङ्की निर्माणको काम
सम्पन्न भएकोमा बधाई छ।
पानी”

15年後の2015年4月25日
マグニチュード7.8の大地震がネパールをおそったときも
アマコパニはびくともしなかった

水は2つの蛇口から勢いよく流れている

今日も村のみんなが集まって
水くみ、洗濯、おしゃべりと、アマコパニはにぎやかだ
デップと2人の子どもの姿もそこにある

笑い声がどこまでもひびきわたる、かあさんの水「アマコパニ」
ヒマラヤが今日も輝いている

絵の中に書かれたネパール語の日本語対訳

P8 ……… ここはサチコールです。僕はデップ、10歳です

P10 …… 水汲みは大変だけど、みんなと一緒にすると元気が出るよ

P13 …… こんにちは、バジ。こんにちは、元気？

P16 …… みんなで話し合うと、なにかすごいことが始まるような気がするぞ

P18 …… 村人が水源地まで連れて行きます

P19 …… こんなに少しの水では足りないでしょう？

P23 …… ジュワ〜〜、これでつながるぞ

P25 …… うわー、水がでたぞ〜

P29 …… 誰が押しても動かない巨大な岩だ。どうするのだろう？

P30 …… （男たちのかけ声）

P32 …… ウォ〜〜〜〜、ドォドォドォドォ〜〜〜ソ

P36 …… 落ちたぞ〜〜

P39 …… もうこんなにできたんですか？

P41 …… 水タンクに名前があるといいね
そうだ、名前はアマコパニでどう？　かあさんの水だ

P42 …… 今日はお祝い会だ

P43 …… 水タンクの完成おめでとう

P45 …… 大地震でもこわれなかったぞ
アマコパニだからね

2章

【ネパール・レポート】

OKバジとパルパの人々

文・田中克比古

写真・垣見一雅（OKバジ）、桜井ひろ子

ネパール応援団　ブッダの目

ヒマラヤの厳しい自然と共存するネパール

ネパールは、「神々の座」と称されるヒマラヤ山脈を見渡せる、人口約3,000万人の国

ネパールは、南はインド、北は中国チベットに接する南アジアの小さな国です。典型的な大陸性気候で昼と夜の寒暖の差が激しく、6〜8月の雨季には大雨が続き、洪水や土砂くずれが起きる一方、10〜4月の乾季にはほとんど雨が降らず、水不足になります。

国土の18%は北部のヒマラヤ地帯で、標高4,000〜8,000m級の山々が連なっています。国土の65%は中央部の山岳地帯で、標高300〜4,000mの山間部に小さな山村が点在しています。国土の17%を占める南部の平地地帯が稲作や工業の中心地で、ここに全人口の約半数が住んでいます。海に面していない国なので、港や漁業はありません。

アジアの最貧国のひとつで、資源に恵まれず、電気は小規模で不安定な水力発電のみで、ガスや水道、道路も十分に整備されていません。2015年に起きたM7.8の大地震では9,000人以上の人が亡くなり、90万棟の建物が損壊する甚大な被害を受けました。

パルパ郡サチコール村から望む、ヒマラヤ山脈アンナプルナ山群の眺め

ネパール連邦民主共和国

面積	14.7万平方キロメートル（北海道の約1.8倍）
人口	2,920万人（2017年10月）
首都	カトマンズ
民族	パルバテ・ヒンドゥー、マガル、タルー、タマン、ネワールなど
通貨	ネパール・ルピー（1ネパール・ルピー＝約1.1円）
言語	ネパール語
識字率	約65%（2011年国勢調査）
政体	連邦民主共和制
外交方針	非同盟中立、近隣諸国との友好関係維持
主要産業	GDPの約30%、人口の約2/3が農業に依存
GDP名目	2兆5992億ルピー（約243億ドル）（2016/2017年度）
一人あたりGDP	90,521ルピー（約848ドル）（2016/2017年度）
GDP成長率	6.94%（2016/2017年度）
物価上昇率	9.9%（2015/2016年度）
外貨準備高	約102億ドル（2017年4月）
総貿易額	（1）輸出　約6.7億ドル （2）輸入　約73億ドル
宗教	ヒンドゥー教、仏教、イスラム教
経済協力	インド、日本、英国、スイス、中国から多大な経済援助

OKバジが活動する地域　パルパ郡の暮らし

パルパ郡の小さな村々は、厳しい自然のなかで、人々がたすけあって暮らす、心豊かな社会

パルパ郡は、ネパールの中央部の第5州(ルンビニ州)にあります。標高500～1,500mの険しい山岳地帯のわずかに開けた土地に、小さな村が点在しています。

電気やガスはもちろん、水道のない村や、車では行けない村もたくさんあります。人々は畑を耕し、自給自足型の生活を送っています。村人は誰もが貧しく、たすけあわないと生きていけません。でも人々は「貧しいけれども幸せ」とよく言います。自然の厳しさやありがたさを感じながら、村人が力を合わせて暮らす、昔ながらの農山村の温かみのある生活文化や風景があるからです。

そんな村にも、近年、携帯電話やスマートフォンが浸透し始めています。現金収入を得るために都市部や海外に出稼ぎに行ったり、一家で都市部に移住する人もいます。自然のなかの心豊かな暮らしと、経済的な豊かさをどうやって調和させていくかかが、この地域のこれからの大きな課題です。

パルパ郡のあらまし

面積	1,373平方キロメートル
郡都	タンセン
人口	約25万人(2016年7月)
人口密度	186人／平方キロメートル
民族	マガル(51%)、プラマン(19%)、チェットリ(8%)、カミ、ネワール、サルキ、クマル、ダマイ、タクリ、他
地形	標高500mから1,500mの山間部

1.山の上にある子どもたちの遊び場。2.パルパのサチコール村の風景。手前の家では草ぶき屋根を葺き替え中。3.山あいに小さな家が寄りそうように建っている。

東京の高校教師から、パルパのOKバジに

OKバジこと垣見一雅さんは、パルパの人々の暮らしに胸を打たれて移住を決めました

OKバジ（以下バジ）こと、本名・垣見一雅さんは、かつて東京都内の高校で英語教師をしていました。1990年にヒマラヤ登山中に雪崩に遭って九死に一生を得ましたが、ポーター（荷物の運搬人）が亡くなってしまいました。その弔問でパルパのドリマラ村を訪ねた垣見さんは、真冬でも穴だらけのボロ着とゴム草履姿で、学校にも行けない貧しい村の子どもたちを目にして、胸を打たれました。

1993年、垣見さんは「ネパールに借りを返したい」と思い、この村にひとりで移住し、支援を始めました。そして当初、ネパール語を話せず、村人との会話はすべて英語で「OK」「OK」を連発していたため、「OKバジ」と呼ばれるようになりました（バジはおじいさんの意味）。村人たちの親しみと敬愛のこもったこの愛称は、今やパルパ郡全域に広がり、OKバジを知らない人はいないほどです。

「自分の命を助けてもらったネパールに借りを返したい」と思い、23年間勤めた東京の高校を退職して、パルパ郡ドリマラ村に移り住み、草の根の支援活動を始めた。パルパ郡のあるルンビニ州は、お釈迦さま生誕の聖地ルンビニでも知られる。

ドリマラ村に住んで24年 バジの暮らし

1.山の中にあるパルパ郡ドリマラ村、ここでバジは24年間暮らしている。2.村人たちが石、泥、木材、トタンで手作りしてくれたバジの家。3.簡単な料理をするためのガスレンジとプロパンガスは、バジの家の中の唯一の文明品で、支援者が用意してくれた。4.豆のスープと米飯（ダルバート）はネパールの主食。5.バジの隣人が飼っているヤギ。ヤギの乳は村人たちの大切なたんぱく源。6.寝床（木製ベッドとシュラフ）の上に設けた本棚。

ドリマラ村に移住して2年目の1994年、バジはバスの転落事故で肋骨を6本折り、左肺がつぶれる大けがをしました。そのときもネパールの人々に助けられ、病院で治療を受けて回復しました。見ず知らずの多くの人々から、好意と親切をいただいて、バジはこのとき、ネパールの人々のために、自分ができる限りの支援をしようと強く決意したそうです。

この年、ドリマラ村の村人たちが、石と泥、木材、トタンを集めて、バジの家を手づくりしてくれました。バジは村民権をもらえたようで、とてもうれしかったそうです。以来、村人たちと同じ質素な生活を送りながら、パルパに200以上ある村々を徒歩で訪ね、村人たちが困っていることに耳を傾け、草の根の支援活動を続けています。

垣見一雅（OKバジ）

1939年東京生まれ、早稲田大学商学部卒業、東京の私立順心女子学園で英語教師を23年間勤めたのち、1993年より単身、ネパールのパルパ郡ドリマラ村に住み、年間200日以上各村を巡って、支援活動に取り組んでいる。年1回、日本に帰国し、日本人支援者への報告を行う。
1997年 ネパール国王から「ゴルカダッチンハウ勲四等勲章」受賞
2009年 吉川英治文化賞受賞、2015年第11回ヘルシー・ソサイエティ賞受賞

●OKバジについて書かれた書籍

『OKバジ』垣見一雅著　サンパディック・カフェ刊
『笑顔の架け橋　ネパールから感謝をこめて』垣見一雅、メグラージュ、関昭典編著　株式会社パレード刊
『花のかあさん　私のかあさん』桜井ひろ子著　サンパディック・カフェ刊
『道を楽しむ　OKバジと歩いた10日間』桜井ひろ子著　サンパディック・カフェ刊
『ネパール　村人総出でつくった音楽ホール　～幸せを呼ぶ秘境の地　サチコール村～』横井久美子著　本の泉社刊

●日本で放映された主なテレビ番組

「世界のなんともヘンピな所で頑張る日本人」テレビ東京系列2011年6月放映
「世界ナゼそこに？日本人」テレビ東京系列2016年5月放映

5

6

命と自立の草の根支援

1. 飲み水を確保するための水道や水場づくり
2. 乾季でも畑で作物を栽培できるかんがい用水池
3. 子どもたちに学ぶ機会を与える学校建設や奨学基金
4. 村人たちの命を守るための医療
5. 村人たちの生活向上や自立を助ける各種基金

村人の命を守り、自立をうながす支援

リュックを背負って村々を訪ね歩き、村人たちの話をじっくり聞く、心のかよったバジの支援

バジがドリマラ村でおこなった最初の大きな支援は、文字が読めない村人に読み書きを教える「識字教室」でした。この話を聞いた隣村の人から「自分たちの村にも来てほしい」と招かれたのがきっかけで、それぞれの村で困っている問題を聞いて、できることを手助けするという形の支援が始まりました。

以来24年間、バジはパルパの東半分、東パルパと呼ばれる地域の村々を自分の足で歩き、村人の話を聞き、現場を確認しています。自分の足と耳、目を使った現場主義です。

また、バジは支援するプロジェクトを決めると、実現の方法について村人たちと一緒に考えます。ときには技術者など専門家の知恵を借りることもあります。必要な資金を捻出し、必要な資材を買って、村人たちに提供する際は、渡すお金や資材を必要な量のおおよそ8割程度におさえるようにしています。

日々の支援の中で大切にしていること

現場主義

村を訪ね歩き、村人との対話で本当に必要なことを確認して支援する

住民参加

実現の方法を考えるのも、つくるのも、できたものの維持管理も住民が行う

住民自治

最初の準備や手助けをしたあとは、村人たちの自主管理運営に委ねる

顔のわかる支援

住民と日本の支援者、お互いの顔や支援の成果を喜び合える形にする

1. 支援のすべてを記録したバジの手帳。
2. 実現する方法も村人と話し合いながら一緒に考える。

そうすることで人々は知恵を出し合い、資材を大切に使うからです。話し合いを重ねると村に活気も出てきます。資材を使って学校や水道をつくるのは村人たち。完成後の維持管理も村人たちという住民参加型です。

バジは①村人の命にかかわること、②村人の自立につながることに支援を定めています。子どもたちの教育の奨学金や、村人たちが自力で生活向上を目指すための基金にも力を入れています。

バジはいつも手帳とペンを持ち歩いています。村人の話や日本の支援者から預かった資金などをすべてメモしています。「この手帳は僕の原始パソコンですよ」とバジは言います。手帳を開けば、村人や日本の支援者の顔が浮かぶ、顔のわかる支援です。

バジがパルパで24年間におこなった主な支援

支援対象エリア：
パルパ郡とノーワルプラシ郡の一部

面積 ………… 700平方キロメートル

村数 ………… 200以上

人口 ………… 25,000人

木の枝にぶら下がって遊ぶ

バジがこれまで歩いた距離

1日に歩く距離 ………… 3〜15㎞（山道ばかり）

1日に歩く歩数 ………… 平均15,000歩

24年間に歩いた距離 … 40,000㎞以上（地球1周分くらい）

サチコール村で
バレーボール大会

村の学校で子どもたちと

水場の支援

飲料用水 ………… 150基以上

畑・かんがいの支援

かんがい用水池 … 10基以上

学校・教育の支援

学校 ………………… 200校以上

教室 ………………… 1,000教室以上

奨学金 …………… 10,000人以上、
総計5,000万円以上

医療の支援

ヘルスポスト ………………… 5ヶ所

治療や手術のために
病院に搬送した人数 ……… 500人以上

そのほかの支援

米基金 ………………………… 20村以上

マイクロファイナンス
（アマサムワ母親の会支援） ……… 100村以上

みんなでおやつを食べる

水は命の源　乾季も村で水が使えるように

いつでも清潔な水が使える水場を建設。すでにパルパの150以上の村に水場ができました

1章「アマコパニ　かあさんの水」にもあるように、パルパには、毎日往復2、3時間かけて水くみをする村がたくさんありました。村の働きざかりの女性はもちろん、おばあさんや妊婦、子どもたちも総出で、場合によっては1日何往復も水くみに行っていました。

清潔な水は、飲んだり料理や洗濯に使ったり、毎日の暮らしになくてはならない大切な命の源です。ですから水場の建設は、バジの最優先の支援対象です。

バジが支援する水場は、山の高低差を利用して水を引く、自然落下方式です。乾季でも水がかれないよう、村より標高が高くて湧き水の豊富な山の水源地に取水タンクをつくり、そこからパイプをつなぎ合わせて村の近くまで水を引き、村の水場となる場所に貯水タンクをつくります。

電動のポンプや機械を使わないので故障がありません。村人自身の手で維持管理できるようにするのが、バジの支援の特徴です。

1.完成した白い大きな水タンクの前で、うれしそうにはしゃぐ子どもたち。2.重い水瓶を持って2時間かけて谷間の水をくみに行く。村に水場ができるまで、水くみが女性と子どもたちの日課だった。3.村の水場で、飲み水をくんだり、畑で採れた野菜を洗ったり、洗濯をする。乾季のひどい年には、一時的に水がかれてしまうこともある。近年、20年以上経ってパイプが劣化し、傷んできた箇所や、2015年の大地震で壊れた水場もあり、これらの修理や修繕が大切な支援のひとつになっている。

トイレづくりも大事な支援

トイレづくりも大事な支援です。パルパでは以前、トイレで用を足す習慣がなく、みんな家の周辺で大小便をすませたため、病気の菌を持った人がいると、排せつ物が感染病の一因になっていました。完成したトイレは村人の手づくりですが、陶製の便器、扉や手洗い場もあります。

かんがい用水池の水で、野菜を育て魚を養殖

村にかんがい用水池をつくることで、乾季も農業ができ、池の水で魚の養殖も始まりました

1. 村人たちが力を合わせて手づくりした、かんがい用水池。2. バジは農業のための小口資金も支援。村のリーダーが村人を代表して、バジから小切手を受け取る。3. かんがいのおかげで畑に水がうるおい、いろいろな野菜が採れるようになった。4. 規模を拡張し、トンネル栽培を行うようになったトマト畑。

雨がほとんど降らない乾季の間、パルパの畑はカラカラに干上がります。そこでバジは村人と協力し、かんがい用水池をつくることにしました。バジは支援金でパイプやシートを買って村人に届けます。村人たちは池を掘り、水が漏れないようにビニールシートを敷きつめ、水源地からパイプをつなぎ合わせて水を引きこみ、池に水を溜めます。

どこの村でも、かんがい用水池が完成すると、村人たちが大喜びします。畑に水がうるおうと、1年通していろいろな農作物をつくることができるからです。村人たちはバジからの小口資金で種を買い、トマト、にがうり、唐辛子、生姜、シナモンなどを育てます。できた野菜は村人の食糧になるとともに、市場で売って現金収入を得ることができます。

また、かんがい用水池は、川魚の養魚池としても活用できます。稚魚を放って成育すれば、村人の貴重なたんぱく源になります。「半年で1kgくらいに育てるぞ」と張り切る村人もいます。このようなかんがい用水池がパルパ郡に10ヶ所以上できました。

学校と教育

村の発展を願い、学校を建て、教育を支援

未来を担う子どもたちの教育は最重要、学校を建て、ノートや筆記具を支援

バジがネパールに移住した90年代、パルパの人々の識字率（読み書きができる人の比率）は30％くらいだったそうです。学校のない村がたくさんあり、学校がある村でも「学校なんか行かなくていい」という考えの親が多くいました。バジは「未来を担う子どもたちが、せめて読み書きや足し算引き算ができるようにならないと、村の発展も望めません」と村人に訴えました。そして子どもたちの教育を最優先課題と考え、学校づくりにとりかかりました。

バジは非常に低予算で学校を建てる工夫をしています。たとえばネパールで通常5,000ドルくらい初期費用がかかるといわれる小さな学校を、バジは村人と一緒に知恵をしぼり、2,000ドルくらいで建ててしまいます。村民参加があるからできることです。「村人は、自分たちが本当にほしいものならば、本気のやる気を起こします。そして自分たちで建てた学校だから、とても大事にしてくれるんですよ」とバジは言います。

このようにしてバジが建てた学校は200校以上、教室数では1,000教室以上あります。今ではパルパのほとんどすべての村に学校ができ、ほとんどすべての子どもたちが学校に通えるようになりました。若い人たちの識字率も90％を超えるまでになりました。

とはいえ、200校の中には小学2年生のクラスまでしかないような学校も、まだあります。そういう学校に通う子どもたちは、3年生

1.生徒全員が校庭に集まったブッシュルダーダ学校の開校日。校舎建設を応援した日本の支援者たちの姿もある。2.バジの支援で絵本や文具を受け取って、うれしそうな子どもたち。

以上になると、隣の村の学校まで歩いて通うしかありません。ネパールの教育制度は、小学校が5年制、中学校が3年制、高校が2年制、そのあと大学入学前教育が2年、大学が3〜5年となっています。ですから低学年の学校しかない村からは「せめて小学５年生のクラスまでほしい」「中学や高校もほしい」といった要望が出ています。これらの要望に応えるためには、学校や教室をつくる以外にも、優秀な先生をどう確保するか、その先生の給与をどうするかといった課題があります。それらに加えて2015年の大地震以来使えなくなった校舎の建て替えも必要です。バジはそうした課題を詳細に把握し、村人たちと相談しながら、優先順位を決めて進めています。

教育にかかわる４つの支援

1. 学校建設

村の発展と向上のために200以上の学校を建設。小学校の整備は進んだが、上級の学校や建て替えの要望が多くある。

2. 教師の招へい

国が派遣してくれる教師だけでは足りず、村が教師を雇っている。教師の給与を補助する基金が大きな助けとなっている。

3. 図書や文房具の支援

支援金で購入したり、日本の支援者が寄附してくれた図書や文房具を学校や子どもたちに配布。

4. 奨学金の制度

経済的な事情で教育を断念することがないよう、優秀な子どもが高等教育を受けられる奨学金のジョラ基金を用意している。

病院との連携を図り、ヘルスポストも設立

命に関わる大切な医療。巡回健診やヘルスポスト設置、重病患者の病院治療を支援します

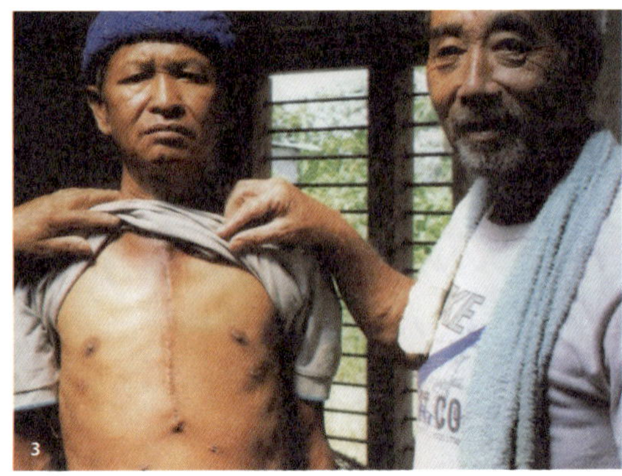

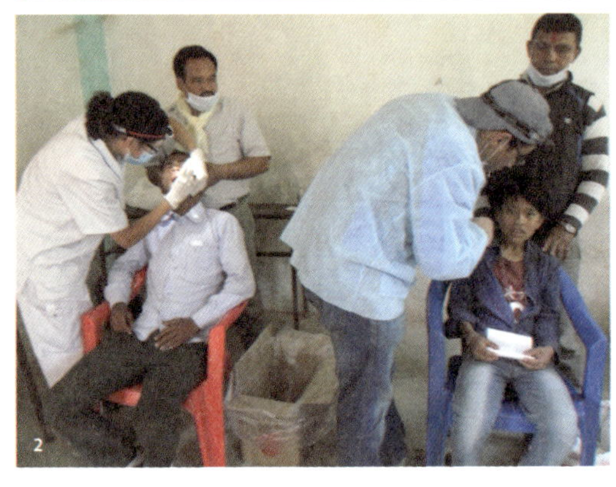

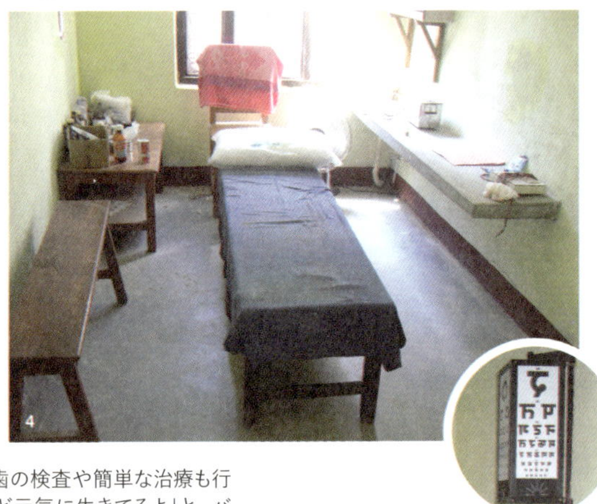

1. 巡回健診でパルパの村を訪れた医師団。2. 巡回健診では、目や歯の検査や簡単な治療も行う。3. 大きな病院で開胸手術を受けた村人。「こんなに切られたけど元気に生きてるよ」と、バジのもとに報告に訪れた。4. 奥地の村のヘルスポストにも看護師がいて簡単な治療ができる。

バジが移住した当時、パルパの医療事情はひどいものでした。病院にかかるにも郡都のタンセンまで何時間もかけて歩いて行くしかないし、第一、診療を受けるお金がありません。骨折して腕が曲がったままの人、目に傷を負って失明した人、治療を受けるすべがなく、昔ながらの薬草や祈祷などに頼って命を落とした人なども多くいました。

村々を訪れながら、病人や怪我人をたくさん目にしたバジは、重病の村人を高度な治療のできる大きな病院に運ぶための費用や治療費の支援を始めました。村人が重病患者を手づくりの担架にのせ、山道を歩いて病院に行ったこともあります。今では病院にバジ口座がつくってあり、治療が必要な村人はバジからの手紙を持って病院に行けば、治療を受けられるしくみになっています。

また、奥地の村にはヘルスポストという小さな診療所をつくり、看護師が常駐し、常備薬も用意しています。医師による巡回健診や目や歯の診察、簡単な治療もできるようになりました。奥地に住む村人たちも、風邪や軽い腹痛、切り傷なら、薬で治せるようになったのです。

米基金やマイクロファイナンスで自立支援

食糧をまとめ買いしたり、農作物の種を買うために小口の基金を創設

自給自足型の生活をしているパルパの村人は、野菜の販売などから得る現金収入もごくわずかです。まとまったお金がないために、食糧や日用品のまとめ買いができないし、新しい事業も始められません。そこでバジは村人の自立につながる支援として、米基金やマイクロファイナンスを立ち上げました。

米基金で村人が食べる米をまとめ買い。価格が安い時期に大量に買うことで、食糧を安定的に確保できる。

米基金で、村人はいつでも好きなだけ米が食べられるように

山間部にあるパルパでは、米がほとんどとれないため、主食の米を購入するしかありません。米の価格は毎年10月ごろが最も高く、収穫期の11月に最も下がるのですが、村人は安い時期に米をまとめて買うお金を持ち合わせていません。そこでバジは「米基金」をつくりました。

そのしくみはユニークです。最安値の11月に村で米を大量に仕入れて倉庫に置き、村人が好きな時に好きな量の米を、仕入れの1.03倍の価格で買えるようにしたのです。3%の利益は村の基金に入れ、村人のために必要な常備薬などの購入に使います。もちろん米基金の管理もすべて村人が行います。

倉庫からわが家へ米袋を運ぶ女性たち。1袋50kgでずっしり重い。

アマサムワ（母親の会）の生活向上をめざすマイクロファイナンス

他の最貧国と同様、ネパールでも女性は差別されてきましたが、近年、アマサムワという母親の会ができ、村や女性の生活向上のための勉強や活動が活発に行われています。

アマサムワの取り組みには、バジもマイクロファイナンスの形で支援をしています。今もっとも力を入れているのが「ジャガイモ基金」です。これは、アマサムワがバジの資金で種芋を共同購入して畑で育て、3ヶ月ほどで大きくなったジャガイモを売り、その収益を村や女性たちの生活向上の資金として使うしくみです。同様にアムリスト（ほうき草）基金や、しょうが基金、シナモン基金などもあります。これらの基金も、アマサムワの母親たちが各基金ごとに帳簿をつけ、自主管理しています。

バジと集うアマサムワの母親たち。バジの話にみんな笑顔で勇気づけられた様子。

支援を続け、いつしかパルパの村人になった

「毎日が感動なんです」「村人が私に与え続けてくれたものは魂なんです」とバジは言います

OKバジの考える支援10箇条

第1条
頑張らない

第2条
現場主義

第3条
信頼関係

第4条
一緒に歩む

第5条
行動が先、頭は後

第6条
現地の習慣、文化、価値観を大事に

第7条
村人に相談

第8条
支援報告

第9条
支援は子育て

第10条
自ら楽しむ

この10箇条は、バジが支援活動の中で、試行錯誤を繰り返しながらいきついた、支援にあたって大事にしていること。バジは村人や支援者との対話と絆を何よりも大切に考えている。

バジがパルパで支援活動を始めて、2018年で24年になります。電気もない、水道もない、トイレもお風呂もない。便利な暮らしとほど遠い村で、なぜこれほど長く支援を続けられたのか。バジは「惚れた弱みですよ」と笑いながら、「ここにいると毎日が感動なんです」と続けます。

何が起きても天の意志として自然に受け止め、「貧しいけど幸せ」と語る村人たち。「劣悪な環境の中でも、明るく、たくましく生きているパルパの村人たちは、私の生き方の手本です。私が彼らにあげたものは物でしたが、村人たちが私に与え続けてくれたものは魂だったんです。……私を待ってくれている人がネパールの村々にいる。だから私の生きる意義がここにあるんです」とバジは言います。

今のバジはおそらく、パルパの支援をしているという意識はなく、村人のひとりとして、みんなといっしょに村をよくしようという気持ちしかないのでしょう。

1. バジはとにかく村人とよく話をする。2. 河原で作業の休憩中、村人たちとゆったりした時を過ごすバジ。

1. バジと楽しそうに談笑するアマサムワのお母さんたち。2. 小さな子どもたちはぬり絵も大好き。3. 昔ながらのかまどの前に集まった子どもたち。4. お兄さんたちのバレーボールを応援。

1. OKバジへの感謝の気持ちを伝えるために村人たちが企画した「在住20周年記念祭」。パルパのランプール村の「バジパーク」に、約5,000人の村人たちが集まった。2. バジパークのプレート 3. 子どもたちがつくった在住20周年記念祭ポスター。

バジに惚れて、バジの支援を支える人々

パルパの村人とバジ、バジを支える支援者。バジを通して喜びの連鎖が生まれます

　バジには、日本に支援団体が50以上、支援者が3000人以上います。その人々の多くが実際にバジと会い、バジの話を聞いて、その人柄に惚れ、その素晴らしい活動に共感して、少しでもお手伝いができないかと考えるようになったそうです。支援の仕方は人それぞれで、個人で支援金や物資を提供する人もいますし、支援団体を通じて提供する人もいます。

　バジは自分のことを「日本の支援者・支援団体と、パルパの人々をつなぐパイプです」と言います。バジは預かった支援金の全額を、パルパの人々のために使います。そしてどこで何を支援し、パルパの人々がどんなに喜んでいるかを、必ず手紙と写真で支援者に報告してくれます。

　支援者にとっては、この報告が喜びであり励みです。パイプ役のバジを通して、ネパールのパルパと、遠く離れた日本との間に、喜びの連鎖が生まれているのです。

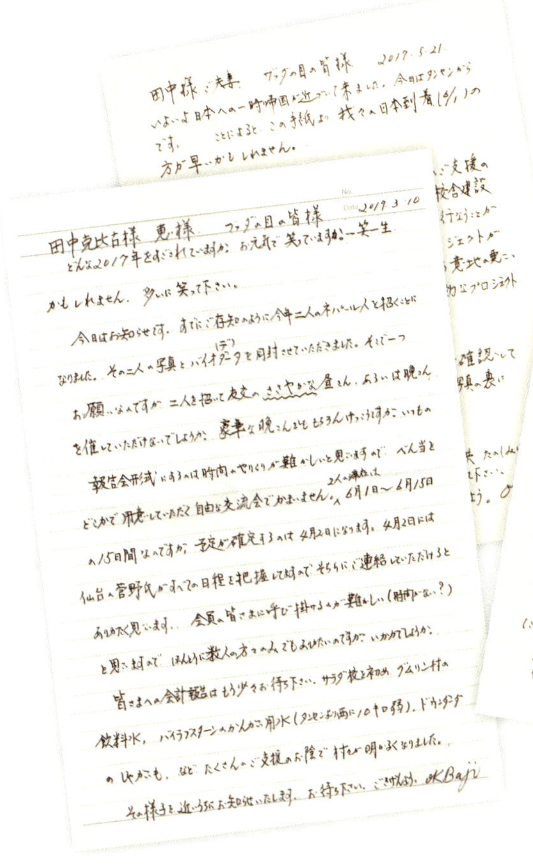

2017.3.10

田中克比古様 恵様　ブッダの目の皆様

どんな2017年をすごされていますか お元気で笑っていますか 一笑一生かもしれません。多いに笑って下さい。

今日はお知らせです。すでにご存知のように今年二人のネパール人を招くことになりました。その二人の写真とバイオデータを同封させていただきました。そこで一つお願いなのですが 二人を招いて友交のささやかな食さん、あるいは晩さんを催していただけないでしょうか。豪華な晩さんでももちろんけっこうですが いつもの報告会形式にするのは時間のやりくりが難かしいと思いますので べん当とどこかで用意していただく自由な交流会でかまいません。2人の滞在は6月1日～6月15日の15日間なのですが 予定が確定するのは4月2日になります。4月2日には仙台の菅野氏がすべての日程を把握してますので そちらにご連絡していただけるとありがたく思います。会員の皆さまに呼び掛けるのが難かしい（時間がない？）と思いますので ほんとうに数人の方々のみでもよいのですが いかがでしょうか。

皆さまへの会計報告はもう少々お待ち下さい。サラダ校を初め グムリン村の飲料水，バイラブスターンのかんがい用水（タンセンより西に10キロ弱），ドゥンダーダのじゃがいも，など たくさんのご支援のお陰で 村々が明るくなりました。その様子を近いうちにお知らせいたします。お待ち下さい。ごきげんよう。 OK Baji

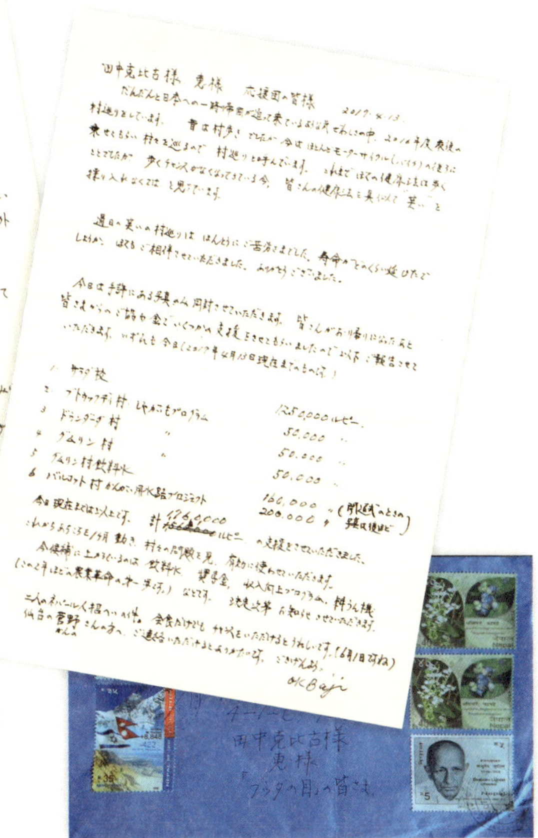

2017.4.13

田中克比古様 恵様　応援団の皆様

だんだんと日本への一時帰国が迫って来ているような気ぜわしさの中、村巡りをしています。昔は村歩きでしたが 今は ほとんどモーターサイクル（バイク）の後ろに乗せてもらい 村々を巡るので 村巡りと呼んでいます。これまで ぼくの健康法は歩くことでしたが 歩くチャンスがなくなってきている今、皆さんの健康法を真似して「笑い」を採り入れなくては と思っています。

過日の笑いの村巡りは ほんとうにご苦労さまでした。寿命がどのくらい延びたでしょうか。ぼくもご相伴させていただきました。ありがとうございました。

今日は手許にある写真のみ同封させていただきます。皆さんがお帰りになった後 皆さまからのご協力金でいくつかの支援をさせてもらいましたので 以下ご報告させていただきます。いずれも今日（2017年4月13日現在までのもの）。

1. サラダ校
2. ブトゥワァチ村 じゃがいもプログラム　125,000ルピー
3. ドゥンダーダ村　〃　50,000 〃
4. グムリン村　〃　50,000 〃
5. グムリン村飲料水　50,000 〃
6. バルコット村かんがい用水路プロジェクト　160,000 〃 / 200,000 〃（開通式のときの鍵は後ほど）

今日現在までは以上です。計 1260,000ルピーの支援をさせていただきました。

これからあちこちを1ヶ月動き、村々の問題を見、有効に使わせていただきます。今候補に上っているのは 飲料水、奨学金、収入向上プログラム、耕うん機（この2年ほどの農業革命の第一歩です）などです。決定次第お知らせさせていただきます。

二人のネパール人招へいの件。会食だけでも村々をいただけるとうれしいです。（6月1日可ね）仙台の菅野さんの方へご連絡いただけるとありがたいです。ごきげんよう。

OK Baji

バジとの往復書簡のごく一部。バジはヘッドランプの灯をたよりに几帳面な字で手紙を書く。手紙の書きすぎで腱鞘炎になったこともあるという。バジからの丁寧な報告は、いつも支援者に喜びを運んでくれる。

1. 毎月、地元のフリーマーケットでネパールの支援を呼びかける。この日はネパール・パルパから訪れた先生二人も一緒。2. 大地震(2015年)後の写真展で支援を呼びかけ。3. バザーで売ったネパールの物産品や手作り品の販売収益はすべてバジに託してパルパの支援に活用。

バジと「ネパール応援団　ブッダの目」との出会いは、2011年に『世界のなんともヘンピな所で頑張る日本人』というテレビ番組で、バジの活動が放映されたのがきっかけでした。その後、バジと直接会う機会があり、パルパの話を聞いて、すぐに個人的な支援を始めました。

2014年3月、バジ在住20周年記念祭が開かれた際に、バジに誘われて初めてネパールを訪れました。パルパの厳しい自然環境や村人たちの暮らしを実際に見て、子どもたちの笑顔に触れ、バジがパルパの人々にどんなに慕われているかを知りました。そして喜びの連鎖をもっと大きくしたいと思い、半年後の2014年10月、バジを応援する団体「ネパール応援団　ブッダの目」を立ち上げました。

私たちはすぐに写真展を開催し、ネパールやパルパのこと、バジの活動について紹介し、ネパールの物産品や手づくりの品々を販売し、集まった人々に団員になって一緒にバジを支えませんか、と呼びかけました。以来、ブッダの目は、団員の皆さんから預かった年会費や応援金、物品販売の収益をバジに託して、パルパの人々を応援しています。

ネパール応援団　ブッダの目　活動のしくみ

ネパール
パルパの山村

団員・皆様

年会費
応援金
報告
物品販売
物品購入

ネパール応援団
ブッダの目

応援
報告

OKバジ
垣見一雅さん

応援

バジはネパールと日本をつなぐパイプ役

バジの帰国報告会、支援者のネパール訪問で支援の輪が広がり、絆が強くなっています

ネパールが雨季のさなかの6～7月、バジは大雨続きで村歩きが難しいネパールを離れ、日本に戻ります。そして北は宮城から南は鹿児島まで日本各地の支援者のもとを訪れて、ネパールの最新の状況について報告・講演します。その講演回数は毎年50回以上に及びます。支援者たちはそこでパルパの村人たちの近況や、バジの直近の活動について話を聞き、毎回感動を新たにしています。

逆にネパールが乾季となる10～翌年4月にかけては、日本の支援者がネパールを訪れるのに最適な季節です。ブッダの目の団員たちも、2016年11月下旬から12月上旬にかけて有志12人でネパールツアーに行きました。バジのいるパルパには4日ほど滞在し、バジの家のあるドリマラ村や私たちの支援金でできた水場や学校などをバジに案内してもらい、村人や子どもたちの大歓迎を受けました。パルパの山道は昔から変わらないガタガタ道で人も車も埃だらけになりますが、大型のブルドーザーを使って道路工事が始まるなど、近年、パルパの村々の生活はどんどん改善されています。

バジが長く続けてきた活動のおかげで、ほとんどの村に水場や学校ができました。かんがい用水や医療を受けるしくみ、小口の資金を提供する基金なども充実してきて、村人の生活向上のための活動も活発になりました。

1･2. バジの帰国報告会。バジ自身が、プロジェクターで写真を映しながら支援者に活動報告。ブッダの目が主催する報告会にも毎年80人前後の人が集まる。3. バルコット村の村人たちと、ネパールを訪れたブッダの目の団員有志との交流会。4. パルパの郡都・タンセンのブッシュルダーダ校の子どもたちに、ブッダの目からサッカーボールをプレゼント。同校の副校長先生へ寄贈。

バジの住むドリマラ村の幼児教室グランドにて、子どもたちと記念撮影。

けれども上級の学校をさらに増やしたり、傷んだ水場やパイプを交換修理したり、地震で壊れた学校を建て替えたりと、パルパへの応援はまだまだ必要です。54歳のときにネパールに移住したバジはもうすぐ80歳になりますが、村人たちといっしょにパルパの暮らしをよくしようと、ますます意欲的です。私たちネパール応援団　ブッダの目は、これからもバジのお手伝いをすることによって、細く長くパルパの応援を続けます。

世界にはまだ、ネパールのパルパと同じように、水道や電気、ガス、学校や教育、病院や医療・保険、道路や橋、かんがい用水などが十分になかったり、村人たちが自立するための資金や支えが足りない国や地域がたくさんあります。この本をきっかけに、ひとりでも多くの人が、とくに若い人々や子どもたちが、国際支援活動に関心をもってくれるとうれしいです。そして、草の根の国際支援の輪が、世界のあちらこちらに広がることを期待しています。

来年2019年3月には、「バジ在住25周年記念祭」が計画されています。日本からも多くの支援者が参加し、パルパの人々との交流をさらに深める良い機会となるでしょう。バジには、25周年、そして80歳の傘寿、さらに88歳の米寿と、ますます健康で、元気に、活躍していただきたいと切に願っています。

からっぽがいい
時もからっぽ
頭もからっぽ
箱の中もからっぽ

からっぽになると
心は自由
風のように自由

これは、バジが大切にしてきたフレーズ。1996年1月30日に記してから、バジの家の壁に貼られている。「草の根の中にいれば、草の根まで届いていない支援の手が、なにかわかる」とバジ。変わらぬ思い、変わらぬ心で、村に住みついて支援を続けている。

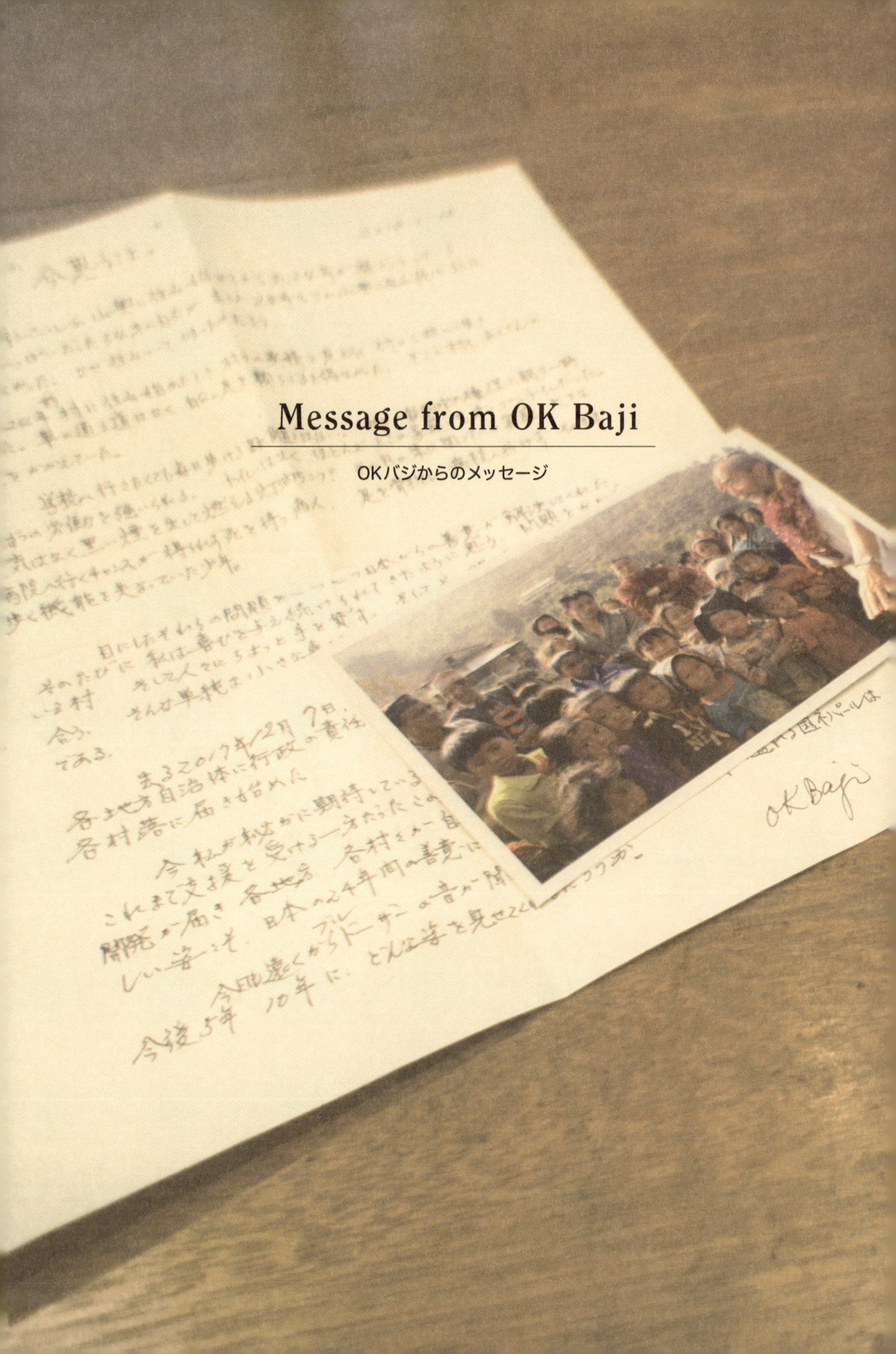

Message from OK Baji

OKバジからのメッセージ

今思うこと

私がネパールの山奥に住み始めてから丸24年が経とうとしている。まだ元気いっぱいだった54才の自分がまさか24年もこの山奥に住み続けるとは考えてもいなかった。なぜ住みついてしまったのだろう。

24年前村に住み始めたとき村々の実情を見ようと村から村へと歩き始めた。車の通る道はなく自分の足を頼らざるを得なかった。どこの村もたくさんの問題をかかえていた。

学校へ行きたくても毎日歩ける距離ではない。日々の飲料水の確保に朝夕1時間の労働を強いられる。トイレはなく、ほとんどどこの家庭でもオープントイレだった。電気はなく、黒い煙を出して燃える灯油ランプ、その日の米に困っている家庭、大きな病院に行くチャンスが得られず死を待つ病人、足を骨折し病院に行けずそのまま歩く機能を失っていた少年。

目にしたそれらの問題を一つ一つ日本からの善意が解決してくれた。そのたびに私は喜びを与え続けられてきたように思う。問題をかかえている村、そして人々に手を貸す。そしてその問題の解決を共に喜び分かち合う。そんな単純な小さな喜びが私をここに住まわせ続けたように思う今日この頃である。

去る2017年12月7日、新憲法制定後初めての選挙が行われた。各地方自治体に行政の責任を課するようになった今、急ピッチで諸々の開発が各村落に届き始めた。

今私が秘かに期待していることがある。あと5年、その時私は83才。これまで支援を受ける一方だったこのあたりの村々に自治体の驚くような急ピッチの開発が届き、各地方、各村々が自立した頼もしい姿をきっと見せてくれる。その頼もしい姿こそ、日本の24年間の善意に対する大きなお返しだと……。

今日も遠くからブルドーザーの音が聞こえている。若い国、エネルギー溢れる国、ネパールは、今後5年、10年にどんな姿を見せてくれるだろうか。

2018.1.18

OKバジ

田中克比古　**ネパール応援団　ブッダの目 団長**

2011年OKバジに会い、話を聞いて共感し、バジを通じたネパール応援を始める。2014年10月、ネパール応援団　ブッダの目を夫婦で設立し、団長となる。副団長は妻・田中恵。団体名は、ネパールのあちらこちらにある「ブッダの目」と呼ばれる仏塔にちなんで命名。毎年多くの仲間の協力で、団員からの年会費や応援金、ネパール物産品、手づくり品などの販売収益金を集めてバジに全額支援する。細くても長く続く応援活動をめざしている。

桜井ひろ子　**1章「アマコパニ　かあさんの水」文**

トレッキングで訪れたネパールの子どもたちのとりこになり、32年間勤めた保育園を退職。スリランカの重度障がい児施設で3年間ボランティアとして勤務した後、1998年にOKバジと出会い、ネパールサチコール村で暮らす。以来サチコール村と日本を行き来している。著書に『花のかあさん私のかあさん』『道を楽しむ』(サンパディック・カフェ刊)、『ちょっとそこまでスリランカ』『保育笑説』(ひとなる書房刊)、『写真集　バジラーハ』(ネパールにて出版)などがある。

井上ヤスミチ　**1章「アマコパニ　かあさんの水」絵、本書挿画**

画家・イラストレーター。小さな挿絵から大きな壁画まで、人の暮らしがにおう絵を描く。子どもたち対象の工作ワークショップや相互型フェイスペイントなど、絵を介して居合わせた人を巻き込むような企画も展開。反戦をテーマにした『新・戦争のつくり方』(りぼん・ぷろじぇくと著　マガジンハウス刊)にてイラストを担当。

企画・構成　田中克比古
編　集　木村由加子
校　正　良本淳子
デザイン　参画社

制作に協力してくださった皆さん(敬称略)

垣見一雅(OKバジ)
菅野孝則
マニ・プラサド・バタライ(Mani Prasad Bhattarai)
ゴヴィンダ・プラサド・バタライ(Govinda Prasad Bhattarai)
スンダル・シュレスタ(Sundar Shresta)
中村容子　川本京子【OKさくら】、小川博久
戸田信廣　戸田千賀子　田中 恵【ネパール応援団　ブッダの目】

OKバジ　ネパール・パルパの村人になった日本人

2018年4月18日　第1版第1刷発行

著　者　ネパール応援団　ブッダの目
発行者　木村由加子
発行所　まむかいブックスギャラリー
〒108-0023　東京都港区芝浦3-14-19-6F
TEL.050-3555-7335　www.mamukai.com

印　刷　中央精版印刷株式会社

Printed in Japan
ISBN 978-4-904402-14-6　C0036